뭐 별것도 아니네

b판시선 40

신언관 시집

뭐 별것도 아니네

도서출판 b

이제 할 수 있는 게 많지 않다는 것을 알게 되고
해야 할 일과 하지 못할 일을 나눌 수 있게 되면서
세상일 바라보는 눈빛이 달라졌음을 나는 안다

사랑이 기쁨이라는 걸 알게 되고
그리움의 형상을 스스로 그려 보일 수 있게 되면서
세상일 생각하는 가슴이 달라졌음을 나는 안다

어두울수록 더 잘 보이는 눈을 갖고 싶다
막힐수록 더욱 뜨거운 가슴으로 살고 싶다
허겁지겁 안간힘 쓰며
오늘도 나는 낭떠러지를 오른다

제3부

9

제1부

겨울강

강이 소리쳐 운다
숨겨왔던 허물 벗어내려
지탱할 수 없는 사지를 버린다

제 몸 잘라내는 울분의 외침은
숲과 계곡을 가로질러
저와 한 몸이었던 산을 부둥켜안고
멀지 않은 앞날로 날아간다

강이 소리쳐 운다
겨울강이 제 뜻을 다하기 위해
가두어놓았던 껍질을 깨뜨린다

얼어붙은 강이 소리 내 울면
함께 숨죽였던 겨울나무들도
고개 숙여 울음을 껴안고
몇 안 남은 가지를 잘라낸다

돌아온 밤길

바람에 밀려난 노을이 가라앉고
들판 안개 어제처럼 내리면
별들의 혼령 맞이하는 목마른 사내
저린 다리 저벅이며
어둠의 들길 걷는다

추워진 해 구들 밑으로 숨고
가슴이 벼름박처럼 차가워지면
지난여름 수리부엉이 찾아다닌 사내
상처에 바를 흙가루 찾으러
어둠의 논둑을 걷는다

내년 이른 봄에는
당고개밭에 감자 심어볼란다

물봉선

얼기미로 훑쳐 새뱅이 잡던
방죽을 끼고 돌아
단걸음에 가뿐 호흡 멈추고
쏟아내는 비 맞으며
반갑게 풀섶을 헤친다

사흘 연달아 내린
까탈스런 가을비에
짓무른 꽃잎은 맥없이 처져버렸고
홍자빛은 눈부심을 잃었다

여기 있을 까닭이 있을 테다
들길에서 여태 꽃피운 것만도
부질없다고 얼굴 붉힐 수는 없을 터
만져보지 못한 손 접고
돌아서 산비알 내려온다

하느님도 내 것

교도소 담벼락 밑
늙어가는 개나리의 하느님과
바닷가 바위틈
별빛을 싫어하는 다시마의 하느님은 같을까

돛대산 꼭대기 맴도는
수리의 하느님과
늦은 밤까지 울음 놓지 않는
당고개 부엉이의 하느님은 같을까

가난한 사냥꾼이 치성드리는 하느님과
잠시 후 덫에 치일
사슴의 기도 속 하느님은 같을까

태양과 북두칠성과 초승달에게
저저마다 하느님이 있을까

지쳐 도랑에 쓰러진

농부의 머리카락 위 새벽이슬에도
바람의 하느님이 있을까

기름을 짜내면

내 몸을 갈아 짜내면
몇 종발의 기름을 얻을까

무덤까지 가는 길
추위 막을 만큼은 될까

꺼뜨리지 않고
긴 어둠 밝힐 수 있을까

함께 기뻐했던 사람 돌려보낼
호롱불 심지 태우지나 않을까

어리석음 많은 불순한 것이라서
끄름이 많겠지
다행히 기름에 눈물은 없겠지

새순아, 미안하다

흙벽돌담 낮은 추녀 밑
돋아오르는 새순의
옅은 웃음 볼 수 없다

먼지로 뒤덮인 하늘
손으로 만져지는 코앞 공기
손꼽아 셀 수 없는 날들 계속되고

어쩌랴
어김없이 봄을 불러내어
낙엽 헤치고 튀어 오른
원형의 굴곡진 난초 새순
장독대 옆이라서 더욱 눈부신 초록

먼지의 하늘 아래라서
더욱 빛나는 봄의 초록
바라보기 미안하다

앉은뱅이책상

구상나무 뜰팡 지나
안방 문고리 당기니
백 년 동안 강바람 안고 자란
앉은뱅이책상 반갑게 맞는다

하루도 거르지 않고
잉어 울음소리 버들가지 흔들고
참게 다리 긁는 소리 갈대숲에 퍼져
씨알 굵은 재첩
윗목 구석으로 황급히 숨는다

붉은 옷 입은 사람
푸른 옷 입은 사람
흰옷 입은 사람
만세 소리에 구분이 없었네

시골 마을교회 종소리든
처참히 피 흘린 동학의 꽹과리든

독경 소리 산 아래 내몬 장삼 자락이든
레닌의 깃발이든
육혈포의 폭발음이든
만세 소리는 하나였네

백두산의 범과
한라산의 매와
묘향산의 여우와
지리산의 늑대가
한꺼번에 울어제꼈네

바다와 산맥을 타고
구름과 바람을 따라
해와 달을 앞세우고
육대주 오대양으로 퍼져나갔네

그렇게 백 년이 손에 잡힐 듯
한탄과 눈물이 쏟아지고

잘린 허리에 원초적 슬픔을 잉태한
바다 건너 제3국으로 가는 타고르호,
흔적 없이 사라질 목숨인
부당한 역사의 사생아들,
삼천 뼈마디 하나하나가
모두 두 동강 나버렸네

라인강변의 물새에게 엎드려
내 것을 버릴 수 있는 용기와
한강변의 버드나무에게 엎드려
오천 년을 되돌아볼 지혜 달라고
푸닥거리 떡 한 접시 올려야겠네

백 년 전 만세 소리 담아
아우내강변 밭둑으로 날아와
움터 자란 은행나무
겨우 내내 다듬어 만든 책상에
두 손을 얹고 기도라도 해보세

잠시나마 부끄러운 고개 세워보세

감춰진 이야기 · 1

할머니, 그래서 어쨌는데

수십 번 들어 다 아는 이야긴데도
들을 때마다 잠들기 전까지
으레 물어보았지

관순이는 나보다 두 살 아래였어
우락부락하니 꼭 사내처럼 생겼지

어느 날엔가 자시가 훨씬 넘어
새벽닭 울기 전에
우리 집엘 찾아왔어
저고리 속에 태극기를 감추고서

처자 혼자 얼마나 무서웠을꼬

그런데 깜깜한 산길 덜미기고개*를 넘는데
아, 글쎄 호랑이가 눈에 불을 켜고

환하게 길을 밝혀주었단다

할머니, 그래서 어쨌는데

* 덜미기고개: 충북 오창 성재리에서 충남 천안 아우내로 가는 고개 이름.

감춰진 이야기 · 2

기미년 이후
지랭이마을 사람들은
오 리도 안 되는 아우내
장보기가 무서웠다

신학문 공부한답시고 경성 유학 갔다 와서는
사람들 선동해서 만세 부르다가
많은 사람 다치게 하고
왜놈 눈치 밖에 나서
지역발전도 안 되게 되었다고
근동 유지란 사람들
유관순을 원망했었다

지랭이마을 사람들
아우내 장터 장보러 가면
흠씬 두들겨 맞고 쫓겨났다

해방이 되었다

유관순 동상 세워야 한다고
앞장서 주창한 사람들
몇 해 전
몽둥이 들었던 그 사람들인데

어쨌든 시골 초등학교
칼 찬 장수 시멘트 동상처럼
불쌍한 표정으로
장터 한 귀퉁이에 세워졌고
얼마 후
민의원 선거에
유관순 오라버니 출마했다

또 떨어졌다

지역발전을 위해서는 어쨌거나
고등고시 검사 출신이 더 낫겠지

감옥 갔다 온 것 말고
뭐 벼슬한 게 있어야지

아우내강은 그렇게 지금도 흐른다

* 지랭이마을: 유관순 생가가 있는 마을 이름.

감자2

인간의 유전자를 조작하여
죽어도 썩지 않는
형상만 인간인 전혀 다른 종種이
개발되어 돌아다닌다 치자,

감자의 유전자를 조작하여
산화되어도 검게 변색되지 않는
형상만 감자인 다른 종자가
감자라는 이름으로
식약처에서 식품 수입 허가를 했으니
푸드마켓에 나타날 날 머지않았다

사람들은 모른다
사람들은 알 수 없다
지금 손에 든 이 음식이
감자로 만들어졌는지
감자2로 만들어졌는지

누구도 모른다
알 수 없을뿐더러
알려고 해서도 안 된다
국민 건강을 위해
볼 수 없도록 차단한 야동을
굳이 보려는 것처럼
불순한 사회미숙아로 전락되어버린다

햇섭 청결위생관리 일지가
제자리 비치되도록 하는 것이
감자2 있느냐 없느냐보다
더 중요하다는 걸 알려면
바다 건너 유학 가서
박사학위 받으면 대번 알아먹는데

알려고 하면 안 되는 걸까
감자2로 만들었다고 표기하면 안 되는 걸까
알 수 있게 하면 무슨 문제가 생길까

좀 더 골똘히 생각해보자

감자2가 어찌 식품이겠는가

산비둘기의 봄

뒷산 산비둘기
새벽부터 쉼 없이 울어대니
봄이 선뜻 날아왔네

이제 얼음을 녹이는
바다의 소리에 더 가까이
가슴으로 봄의 향기 안으며
오랜 기다림으로
사람이 선뜻 다가왔네

그렇게 바람막이 소나무 뒤
고깃배 몇 보이는
수평선 떠받친 바닷가 마을
걸쭉한 소식 싣고 온
파도 소리 그득한 마당에서
산비둘기의 봄 불러볼까나

오늘도

달빛과 달빛 사이 흩어지는

산비둘기 울음 쫓아가네

합장

어쩌다 잠시 서 있는 이곳
그날도 눈 내리는 밤이었다

얼음 밑을 흐르는 도랑물이
살아 있다는 것을 귀띔하듯
잊었던 겨울을 깨우고 있다

한동안 가슴에 머물던 이 소리가
훗날 누군가 그리운 사람의 목소리 되어
알지 못하는 먼 땅 어느 곳에서
노랫소리로 들릴지도 모른다

오랜 인연이 그곳에 있어
기억을 잃지 않으려 했는지도 모른다
그렇게 가슴 부풀게 했던 소리는
며칠 머릿속을 떠나지 않는다

지금 발아래 꿈틀대는

지난가을 나무에서 내려온 잎이
산사의 푸른 솔잎으로
겨울의 햇빛과 마주할 수도 있으니

도랑물 흐르는 여린 소리에도
두 손 모아 합장을 올린다

인연

네 맘대로
흙 한 삽
이쪽에서 저쪽으로
던져 보낼 수 있는가

네 맘대로
사람과 사람 사이
보이지 않는 그물망 삭이고
사랑이 합쳐질 수 있겠는가

네 맘대로
서쪽 하늘 바라본
너의 그림자를
되돌아 지울 수 있겠는가

오늘도 지나다 멈춘
구름이 뿌린 한줄기 비 때문에
그대와의 인연을

은행나무에 꼭꼭 매달아둔다

이젠 그러려니 한다

얼추 다 여문 벼 자빠뜨려
논바닥 한기 막을 요대기 삼느라
고라니가 여기저기 깔아뭉개면
일으켜 세워도 볏대궁은 이미 부러져
부실하게 여물어 싸래기 되고

밤이면 온 가족 다 데리고 와서
밭이며 논두렁 홀랑 일궈 놓는
멧돼지의 원족이 훑고 지나가면
다시 삽자루 잡고 아픈 허리 움켜쥔다

겨울 초가집 이엉 속 참새 집
손으로 깊이 더듬어
고쿠락에 구워 먹었는데
이젠 수백 마리 참새 떼
한번 날아왔다 싶으면
멍석 서너 장내기
벌겋게 벼이삭이 죽어간다

걸어 다닐 수 없을 만치 우거진 산에
살쾡이 늑대 스라소니 여우 사라지고
고라니 멧돼지가 점령하여
산과 들이 저들 운동장 된 지 오래다
곡식이란 곡식 못 먹는 게 없으니

삽자루 쥐고 뜀박질해서
때려잡고 싶은 것은 속 탄 마음뿐
혹여 잡았다간 소문 듣고 찾아온 단속반에
야생동물보호법 전과자 되기 일쑤
옆 동네 친구도 벌금 물었다

간혹 부지런한 농군
논밭 전장마다 울타리 쳐 버텨보지만
틈새 비집고 들어와 소용없긴 마찬가지
궐련 연기로 위안되기에 턱없다
노상 반복되는 농사의 일상

거지 같은 우리네 시골 풍경이 그렇다
이젠 그러려니 한다

껌값도 안 되는 쌀값이라도
농사짓는 마음은 예나 지금이나
한 톨이라도 더 소출 내고 싶을 뿐인데
이십 년 동안 수매가 변함없어도
이젠 그러려니 한다

지지리 못난 놈만이 농사짓는데
그러려니 할 수밖에

망월

망월이여, 망월이여
시대의 전설을 노래하는 불꽃이여
분노를 삼키는 불꽃이여
보름달 닮은 소망의 불꽃이여
맑은 눈망울이어라

여기
죽은 자가 산 자를 위무하는 곳
산 자의 허기를 달래며
산 자의 아픈 혼을 이끌어주는 곳
훼손되어 허물어진 생각을
반듯이 바로잡는 곳

망월이여, 망월이여
나 죽으면 이곳에 묻혀
살아온 날보다 수백 배 많은 세월
달바라기 염원 담아내어
산 자의 눈물 닦아줄 수 있으려나

제2부

별 담아오는 여인

북두칠성 머리에 이고
가파른 고갯길 넘어
여우 우는 어둔 밤길
달려오는 여인이 있습니다

또뱅이 묶은 끈을 입에 물고
방물 담긴 보퉁이 한켠에
별 담아오는 여인입니다

동네 어귀 들어서면
별 하나씩 내려놓기도 합니다
마을 다 돌고 재 넘을 땐
다시 일곱 개 별 묶어 채워갑니다

목덜미 누르는 무거운 별 내려놓고
오늘은 편안히 누워
노랫소리 들으며 고개를 넘습니다

가을강의 백로

비 오는 늦은 오후 강가에
안개 짙은 어제 아침처럼
그 백로 그 자리 혼자 있네요

스치는 물고기의 꼬리짓 따라
거스르는 물살 바라봐야 하거늘
잊어야 할 것이 많은 계절 다가와
그냥 그렇게 외다리로 서서
남쪽 먼 산만 바라보는데

그리운 곳으로 갈 수 없어
나의 강을 떠나지 못하는 것일까

부엉이 울던 밤

어젯밤
부엉이 한참 울어대더니
밤새 눈이 다녀갔네

새벽은
선잠 뒤척인 기다림으로
구상나무 잔가지에 다가오고

논둑길
멈춰서서 뒤돌아보면
지나온 발자국 뚜렷한데

발원문
소리쳐 읊는 눈 속에서
아직은 보리싹이 푸르다

건조기간乾燥機間

샛별 뜨는 안산에서
기둥과 들보로 쓸 서른 자 낙엽송
들쳐 메고 산을 구르며 내려와
경운기에 싣고 와서 낫으로 껍질을 벗겼다
서까래는 사방공사 때 많이 심었던
질긴 은사시나무가 제격

서른여섯 석짜리 벼 말리는 건조기 놓을
새마을기계화영농단 건조기간 지을 요량이다
일천구백팔십사년이던가

지붕과 벽에 씌운 함석 삭아 내리고
비바람에 기둥까지 썩어 내려
어쩜 내 몰골과 저리도 닮았는지

서른 자 높이 흔들리는 지붕에 올라가
함석에 못질한 청년의 얼굴로
삼십오 년 전 노을빛 붉게 비춰온다

8월의 끝자락 풍경

북서풍 간간이 불어오니
가을이 여물어간다

할 일 끝낸 우렁이
백로 기다리며 논가에서 쉬고
잠자리는 벼이삭 위에서
기억의 웃음 사이를 떼지어 난다
이화기 접어든 흑명나방도
제 힘 다하여 번식의 교만함을 늦추지 않고
때 만난 며느리밑씻개풀은
넝쿨의 촉수를 몸속으로 뻗쳐댄다

마쳐야 하는 굴종의 바람은 불고
이제는 아픔의 시절과 작별할 수 있다
고개 돌려 뒤돌아보니
강변 낚시꾼 그 자리 그대로 있다
바람도 여전하다

거미줄

동트기 전 둘러봐야 합니다
이슬은 아랫도리 절반 흥건히 적셨습니다
선호미 들고 혼자 갑니다

날 선 실오라기 한 줄
길목 가로질러 울대 베어내려는 듯
목을 조여옵니다

그곳에 멈춰 서서 망설입니다
뒤로 물러섭니다
잘못 없어도 한 걸음 물러섭니다

．

* 선호미: 서서 작업할 수 있는 호미의 일종.

까치밥

거봐라
다 떨어냈으면
어쩔 뻔했어

감채 못미친
꼭대기에
맛있는 겨울이 있잖어

국가론

내 눈에 보이는
지구상의 모든 나라는 다르지 않다

내 머릿속에 떠오르는
이천 년의 모든 나라는 다르지 않다

사람을 통제할 거울과 그물망만
조금씩 바꿔가며 달라졌을 뿐

흔히들 이를 좀 더 나은 세상
역사의 진보라 부르기도 한다

칼과 활이
미사일과 전투기로 바뀌었을 뿐이다

하물며 십 년도 못 가는 정권의 다름은
모래의 크기를 견주는 것과 무엇이 다르랴

예나 지금이나 똑같은 것
산과 들과 강과 바다의 수많은 생명들이
짝을 이뤄 하늘과 땅에 순종하며
저들만의 번식을 이어가고 있다는 것

언제나 국가는
가면을 쓴 노예의 사슬이었다

적폐와 반동

봄비 오는 밤
낮에 보았던 아리따운 벚꽃이나
수선화 향기는 까마득히 잊었고
홀로 빗소리 들으며
나는 왜 유배와 반역을 생각하는가
나는 왜 피의 구호를 떠올리는가

평가는 바람의 대답을 기다릴 여유가 없는데
어느 날 갑자기 당신은 적폐요
듣는다면 섬뜩하지 않겠는가

판단은 바람 바뀔 때마다 달라지는데
어느 날 갑자기 당신은 반동이요
듣는다면 속 뒤집어지지 않겠는가

— 당신은 적폐요 반동입니다
이유는 열 가지 백 가지 넘는다
사실일 수 있고 그렇지 않을 수 있다

억울할 수도 있고 정당한 심판일 수도 있다

심문하는 자와 엎드려 묶인 자
오죽하면 내로남불 유행어 되었겠는가.
권력은 확장의 외발자전거
적폐와 반동 더욱더 커져야
움켜쥔 자의 칼춤놀이 명분이 서는데
어느 시대 어느 왕조 다르랴
어느 종족 어느 나라 다르랴

당고개밭 감자싹이 드문드문 났던데
이번 비로 잘 올라오겠지
겨우 내내 눈 없어 착근 시원찮은 보리싹
시원한 봄비에 쑥쑥 자라겠지

똘

묵어 닳아진 삽날에 찍힌
불어터져 누운 벼톨
폭염에 갈라진 상처 딱징이에
흰자위 들어낸 원망의 눈으로
진흙을 덧씌운다

태풍이 몰고 온 구름 걷히고
쉽게 들 덮치는 어둠
잘려지지 않은 풀 감긴 목장화
질퍽이는 소리로 똘 깊이 가늠하며
익숙한 삽자루 치켜든다

너구리 비명소리
땀 범벅된 쓰린 눈에 다가와
불어난 강물에 흘려보낸 가을 노래와
비바람에 찢긴 이파리까지 삼키며
헤쳐진 똘 삐뚜룸한 모양으로 굳어진다

작어 鵲語

앉아 쉬기에
나뭇가지 작지 않고

날아 숨쉬기에
바람 멈추지 않으며

머무를 둥지 있으니
새벽의 노래를 부른다

* 작어: 까치가 지저귀는 소리.

유등流燈

반백 년 살아온 곳
갑자기 천지사방 분간할 수 없어
사람과 빌딩이 낯설게 보인다

무심 못한 무심의 물 따라
붉은 유등은 흘러내리지 못하고
지혜를 잃은 등불의 어둠으로
여기저기 돌고 돌아
제자리 제 모습으로 돌아섰을 때
탐욕의 눈빛과 마주친다

손에서 버릴 수 있고
가슴에서 내릴 수 있다는
활자와 기도의 향을
미욱하게 사른다 해서
가식의 표정은 바뀌지 않는다

무심으로 흐르는

물에 비친 음흉한 몰골이
아직도 속마음 감춘 채
등불을 내리고 있다

장송長松

서풍 불어
계곡 골바람 타고
바위 덮인 산꼭대기
작은 틈새 내려앉아
싹 틔우고
이슬과 햇빛 맞은 지
오백 년

나라가 수차례 바뀌고
사람이 태어나 죽고
하물며 부엉이 짝짓는 것도
있는 그대로 다 보았거늘
오백 년 전이나 지금이나 다른 게 없다
구름 흐르는 모습도
다르지 않구나

기도를 멈춰라

참깨꽃 떨어지는데
뒷산 뻐꾸기 울어댄다
따뜻한 봄날 푸르름이 덜해 그랬던가

0.5평 교도소 징벌 먹방
식구통으로 희미하게 스미는 햇빛이 아쉬워
손발 허리 혁수정으로 묶인 채
엎드려 혀 내밀어 핥아먹어야 했던
무구한 청년의 외침은 어디 있는가

애초에도 없었던
변혁의 중심이라는 허상에서 벗어나
세속의 기록 두 손에 치켜올리기를

제발, 기도를 멈춰라
뻐꾸기 울어야 산이 푸르러진다고
염천의 울음까지도 그리 되겠는가

그렇게 지나가는데

구름 속 바람으로 날다가
숨을 얻어 땅으로 내려
제각기 뻘밭이든 토란잎이든
물고기의 피가 되든
머무는 듯 휴식의 시간도 없이
저의 갈 길을 가는데

냇가 해오라기 눈에마저도
아무렇게나 흩어져가는 모습으로 보이지만

숨이 생기면서 저마다 얻어진 몫으로
흐르는 곳 정해져 있어
강물의 한 점 되었어도
그곳 다다른 까닭 모를 수밖에 없고
제 몫 다하여 사라지는 그때에도
여전히 모르게 지나가는데

들국

있는 듯 없는 듯
달포 전만 해도 감추었다가
들판이 웬만치 비워진 틈에
숱한 사연의 잡풀들 속에서
이제야 꽃을 피운다

잊혀져도 좋았을 곳에
소담스레 눈에 그득하니
제법 가을비 내리고
천둥까지 치면서
꽃잎마다 살아온 소식을 전한다

오늘 밤 비 그치고
맑은 하늘에 보름달 뜨면
손으로 떠받치며 빌던
그대가 보내준 향기
슬픔의 유혹 덥석 받으련다

대보름 주문^{呪文}

간간이 눈발 날리고
치마폭 사이 드러낸 속살처럼
구름 속 슬쩍 비친
기해^{己亥} 정월의 보름달에게
빌고 빌 소원 겹겹이 쌓였는데

달빛이 소원을 담다가
하도 많아 몸 가누지 못할 듯하여
주문을 포기할까 망설이다가

구부정한 어깻죽지에 붙은
밥풀때기 같은 장독대 정안수에 담긴 주문
열 손가락 안에 채워버렸고
고운 사랑 간직할 주머니도 마련했는데

얼마 전까지는 그래도
한두 개 끼워두기도 했던
선언문의 구호들

민주와 노동과 통일을 잊지 않고 빌었던
풍성한 가슴은 놓쳐버렸고
간신히 마련했던 주문의 틈바구니는
찌든 때로 메워졌구려

해마다
아버지 뵙고 오는 대보름 길목에서
오늘은 봄눈이 배웅을 해주는구려

도발이

밤이 되니
산속 오월의 봄은
스물세 살 청년에게도 추웠다

낯선 짐승 소리 가까워지고
이슬은 옷을 적시는데
요기할 음식 갖고 온다던 친구는
어디로 끌려갔는지

산이 조여지고
사람의 가죽이 말라가는
소름 돋던 밤은
왜 그토록 길던지
남도의 총성은 그쳤는지

산 아랫마을 개 짓는 소리에
굳어진 허리 비틀며
쪼그라진 결기를 세웠던

죽는 것이 별게 아니게 여겨졌던
백골의 형벌

그때의 화려한 외출은
구름 위를 언제까지 떠돌아야 하는지
1980년, 산속의 봄은 짧지 않았다

제3부

박제된 사람

하루의 어둠을 맞으면
늘 그러하듯
동굴로 가는 풀섶에서
박제된 사람 만나게 된다

버릴 것이 많아서
별의 빛을 담지 못하고
돌아갈 곳이 있어
떠돌이의 독백을 듣지 못하여
박제된 모습으로 남게 되었으니

생각을 멈췄고
그리움과 노여움도 잊었고
뒤돌아선 세상도 보이지 않아
된서리 내린 마른 풀섶에서
내일을 거둬들인다

저 산들도 다투며 사는지

세상에,
죽기 살기로 싸워야
죽지 못해 살기도 하는데

아침밥 숟가락에서
저녁노을과 밤의 풀벌레 소리까지
온갖 싸움이란 것이
늘 곁에 붙어 있게 마련인데

지면 사라지고
이겨도 잠시 그뿐
낮밤을 메우고 있는
종요롭지 않은 웃음과 눈물

이긴 자의 외침도
진 자의 비명도
한통속 전선의 부속물로
비웃음 되어 되돌아오는데

이겨 놓고 싸우기도 하지만
지는 싸움에 목숨 거는 부류도 있구나

세상에,
하느님도 다른 하느님과 싸우느라
가끔 비를 뿌리는데
저 산들도 다투며 사는지

청바지

일천구백칠십년대
청년 시절을 보냈으나
예순다섯에 난생처음으로
누구한테도 믿기지 않겠지만

추곡수매 끝나고
무 배추 뽑아놓으면 가겠다고
며칠을 벼르고 별러 작심하고
늦은 가을비 내리는 날

미군 주둔 방위분담금 따따블 인상과
지소미아 겁박하러
미 국방장관 방한한 날,
살을 태우는 전태일의 화염이
사팔뜨기 진영의 검은 연기로
불꽃을 잃어가던 날,
식량자급 반의반도 안 되는데
이제는 개발도상국 휠 넘어섰다고

고삐 풀린 소가 웃던 날,
플래카드 잠바 속에 감추고
광화문 미 대사관 쳐들어간 쌍팔년도 농민시위
그 기록을 새로 써야 한다고
광주 김정순 동지와 통화한 날

스무 살 때부터
양키문화라고 끝끝내 외면했었는데
최신 유행 신상품 청바지를
겁도 없이 농협 신용카드로 사서
존나 멋지게 입고
가을비 낙엽을 밟았다

뭐 별것도 아니네

은하철도

한 번 가고 나면
살아서 다시 볼 수 없다는
은하철도 999열차
지구역에서 우연으로 만나 출발한 지
육백억 광년을 지나
메텔의 검은 코트 자락 안에서
제자리 돌고 돌았는지
아니면 거침없이 앞으로 달렸는지
사랑의 영혼 빛나는 별을 향해
줄곧 그침이 없었고
지혜롭게 해적선 침탈 막아내고
안드로메다 지나온 것만은 확실한데
불쑥 늙어버린 태양을 보며
행성의 고단한 밤에 도착하니
길지 않은 여행은 끝나고

자위

산과 강
대지와 그 그림자까지
달빛과 별똥별의 유혹으로
자위를 한다

풀과 나무
새와 짐승들도
청명한 밤하늘의 웃음 맞으며
자위를 한다

굴종의 끝머리에서
허황한 욕망을 버리지 못한
어리석은 자에게 내린 형벌로
나도 자위를 한다

군불 때던 겨울밤

혼자 밥 먹는 게 익숙해진
눈 내리는 어느 날이었지
습관화된 섹스의 타성 무뎌지는데
오랜 시간 걸리지 않았고

소 없는 외양간
재 없는 잿간으로
바람 타고 눈발 적셔오는 밤
흙벽돌담 따라 산을 내려오는
부엉이 소리 듣고 있었지

사람이 생존하기에
많은 음식이 필요치 않다는 것
푸른 권력이든 분홍 권력이든
냄새가 다르지 않다는 것
왜 그렇게 오랜 시간 몰랐을까

마른 솔가지 밑불 타오르듯

머리는 뜨거워지고

가슴은 매캐한 연기로 차오르고

군불 때는 손등 위로 불똥 날아와

혼미한 몸을 깨운

토막 난 겨울밤이었지

밤길

어둡거든
가던 길 잠시 멈추게나
구름 지나고
반쪽 달이라도 나오면
마저 갈 수 있지 않겠는가

아프거든
가던 길 잠시 멈추게나
어둠 걷히고
새소리 함께 발맞추면
이겨낼 수 있지 않겠는가

지쳤거든
가던 길 잠시 멈추게나
혹시 아는가
바람 없는 빈 가슴에
한 가닥 그리움 솟아날지

두렵거든
가던 길 잠시 멈추게나
되돌릴 수 없으니
숨겨진 자욱들 찾아내
눈물로 씻어낼 수 있지 않겠는가

잠시 멈춰 선 그 자리
어둠이 길을 버리면
동산 위 샛별 바라보고
손 모아 기도하며
새벽을 기다리면 되겠지

대추나무 시집보내는 날

양지바른 밭둑
동짓달치곤 따뜻한 햇볕
혼사 치루기 좋은 날

새벽의 시린 서풍도 잦아들고
새색시 단장도 마쳤으니
서둘러 뒷산 굴멍 오른다

마땅한 신랑감 찾을 때까지
허리 굽혀 눈 크게 뜨고
세상 이치 다 인연이 있는 법
마른 풀섶 이곳저곳 헤집고
튼실한 몇 놈 골라 망태기에 담았다

한동안 실하게 열렸던 것
몇 해 전 빗자루병 도진 후
부실해져 베어내고
새로 심은 지 삼 년째인가

어여 시집보내야지
작년부터 혼기가 왔는데
늦은 감 없진 않지만
오늘이 길일이던가

햇빛 잘 들고 바람 잘 통하도록
무병하게 주렁주렁 열매 맺도록
천지신명께 정성으로 기원하고
시집보낸다

늙은 참나무집

양철지붕에 퍼붓는 비는
그침 없이 줄곧 내려
원래 이 집이 내는 소리가 되어
고요와 침묵을 가르치고

지난밤 혼돈의 쾌락이 무엇인지
어디에서 시작되었는지
새벽 지나 잠들어 눈떴을 때
출렁이는 살덩이에 놀랐었지

방문이 열리고
낯선 사내 목 디밀고 두리번대며
무슨 말인지 중얼대다
포기한 듯 문 닫고 가버린다

세느강변의 버드나무
바람에 흔들리는 요란한 곡조는
빗소리를 증폭시키는데

여기가 누군가를 위해
종을 울릴 수 있는 집이라는
그녀의 술 취한 말을 듣는다

오래된 참나무에 기대어
양철지붕은 무너지지 않았고
다음날 그녀는 떠났다

새뱅이찌개

가을 일 끝나고
얼음 얼기 전 이맘때
댕댕이넝쿨 바구니와 얼기미 들고
마른 억새 된서리 헤치며
논둑 따라 둠벙에 가면
방개가 저쪽 끝으로 도망가고
송사리 떼가 새카맣게 물을 튀기는데
가장자리 슬쩍 훑으면
톡톡 튀는 새뱅이 한 움큼 올라온다

통통하게 살이 오른
송사리와 새뱅이 한 사발 내기
그리고 쌀방개 몇 마리
금새 바구니 가득 챙겨
젖은 발 시린 줄도 모르고
엄마한테 뛰어간다

열한 살 꽁꽁 언 발

아궁이 앞에서 녹이고 있으면

이듬해 먼 곳으로 가버린 엄마는

빨간 새뱅이찌개를 만든다

아름다운 혁명이라고?

아무도 공감해주지 않는
시랍시고 끄적거리는
볼품없이 못난 놈
제대로 할 수 있는 게 없다
몇 번 징역 살고
민주화네 농민운동이네 혁명이네
해서 얻은 게 무엇이었나
한때 정치 언저리 맴돌았으나
어리석은 놈은 어쩔 수 없더구만
미련하고 아둔하게 살아왔다
그래 딱 맞는 말이다
딱히 이뤄낸 것도 없다, 그렇지
찌끄레기니까 농사나 짓고 살지
이젠 노쇠해진 몸으로
이렇게 추위에 떨며
어둔 밤길을 미친 듯 걷고 있구나
누구로부터도
격려와 이해를 바라지 않는다

누구로부터도
위로와 도움을 바라지도 않는다
힘든 나날은 혼자 견딜 수밖에
그러다 가슴이 터져버리면
씨발, 세상을 버리면 되지

세상일이란 게

기해년이었던가
백 년 지나도록 그렇게 많이
열린 적 없었다고
다들 부럽게 올려다보니
가지마다 틈새 없이
빼곡히 은행이 들어차
저걸 털어 장에 내가면
쏠쏠하겠거니 기대했건만
백로 지나 얼추 여물어갈 즈음
태평양에서 날아온 링링에
수냉이만 남기고
어쩜 그렇게 하나도 안 남기고
모든 가지가 부러지고 말았으니

* 링링: 2019년 9월의 태풍.
* 수냉이: 나무의 꼭대기 가지를 일컫는 말.

몸단 박새

산과 들
온 천지가 나 살아 있소
붉은 꽃 흰 꽃 내뿜더니
며칠 새
푸르름 점점 짙어져
더럭 겁이 난다
올해는 또 어떻게 버티나

방금 전
박새가 제 부리로
수차례 창을 두드려
얼른 일어나라 한다
앞이 훤히 내다보이는
논밭의 그 많은 풀
어찌해야 하나

밤

그러니까 그때가 언제였던가
계엄사에 갔다 온 그 이듬해였었지
산감한테 혼나가면서 잡목을 제거하고
안산 밤나무에 접붙일 칼을 장만하여
처음 해보는 일 시키는 대로만 했었지

며칠째 비는 계속 질척이고
우비를 입고 거친 까시넝쿨 헤치면서
안산 비알 오르며
이젠 늙어버린 밤톨 줍기 시작했어
청설모는 제 식량 뺏어간다고
다섯 길 위 나뭇가지를 바삐 뛰어다니고
비는 여전히 그치질 않아
모기에 뜯기지 않아 외려 좋더군
조곡용2호 포대 반 자루를 채우고
밤나무 등걸에 기대앉았지

그때 아버지는 지금 나보다 젊었지

얼마나 자랐을까

밤나무 꼭대기 올려다보니

시원한 비 얼굴을 적시네

경운기

옆구리에 한 대 얻어맞아
운신하기 조심스러운데
장딴지를 또 한 대 맞게 되니

미련한 것이
손아귀 힘까지 딸리니
별수 있겠는가
제 생각대로 이리저리
핸들을 요리 못 한 탓이러니

지난해 개답한 논
돌멩이가 어찌 그리 많은지
갈은 논 울퉁불퉁 휘저어 다니며
몸달게 주워내는데

꽃놀이 가는 봄바람에
짝 찾는 까투리 날갯짓 소리에
바닷가 파도의 기억까지 겹쳐

맥 놓고 일한 것만은 아닌데

시커먼 멍 자국이
그때처럼은 아니지만
거동이 힘들 만큼
몸 안팎으로 아프게 한다

팔사년이든가
마지막 정부수매였던가
그때 이후론 더는 없었지
돈 안 되는 밀농사
그나마 정부 수매라도 한다니까
짓는 작인 몇은 되었는데

지금 사람은 들지도 못할
가마니에 산내끼로 묶은
오십사쯤사키로로 담은
강변 모새밭에서 거둬들인

마흔여덟 가마 밀 바치고

팔월의 땡볕을 타서
수매장에서 들이킨 막걸리에 취해
기고개는 잘 넘었고
오리실까지는 문제없었는데
당고개 넘기 전
기어코 도랑에 쑤셔박았었지

덫

　덫에 걸린 쥐가 두려움의 눈으로 초점을 잃어가고 있다 맥이 풀린 것으로 보아 지난밤 내내 발버둥 쳤을 것이다 엄청 소리를 질러 목청이 터졌는지 찍소리도 못 내고 있다 철망을 들이받고 물어뜯느라 주둥이가 피범벅 되었다 가죽도 성치 못하다 털이 거추장스러웠을 것이다 사람 발가락을 닮은 다섯 발가락 살빛이 선홍색이다 곧 죽을 거라는 예감이 들었을까 이따금 몇 번이고 발악하며 덫을 흔들어댄다 탈출을 꿈꾸며 뜬눈으로 밤을 새웠을 것이다 함께 했던 쥐새끼들 다 도망가고 없다 일생 중 가장 긴 밤을 보내며 서너 방울 똥과 오줌도 지렸다 살아온 날들 기억하며 눈물도 흘렸을 것이다 여기 왜 들어왔는지 때늦은 후회도 했을 것이다 가볍게 덫이 들어 올려지고 함지박 깊지 않은 물에 잠기며 기포 몇 방울 토해낸다

꽃의 미소

이렇게 수백 가지 꽃이
산과 들에 있는 줄 몰랐네

천 년 전이나 지금이나
같은 모습일 터인데
이제야 눈에 보이는 것은
세상에서 한 걸음 떠나와
꽃의 미소 볼 수 있기 때문이다

사랑도 그러한가
이제야 미소가 보이네
죽어 감긴 눈으로는
아마도 더 잘 보이겠구나

제4부

뜨락의 봄볕

할머니 열여덟에 시집와서
팔십 평생 살다간 집에
아버지 여든여섯 해 머물렀고
지금은 손자를 본 내가 살고 있는

마침한 들판 너머
앞내 휘돌아 흐르고
둘러친 뒷동산 북풍 막아선
열일곱 평 우거 뜨락에 앉아
졸음의 휴식에 잠기면

늦잠 자는 세월의 눈 틔우려
장끼와 산비둘기 종달새
짝 찾는 소리 분주히 들려오고

손에 쥔 것 없어도
소담한 미선나무 꽃향기 그득하니
식은 몸 덥히는 봄볕 마냥 좋구나

독백

종일 겨울비 내리던 날
집을 나와 걸었어
불당산으로 가고 있었지

걱정한다고 달라진 적 없잖아
묵언의 낙엽 제멋대로 흩어진 골짜기
세월보다 익숙한 소리 들렸어
걱정의 껍질 벗겨내는 물은
바위를 보듬고 있었지

물은 혼자 흘러가는 듯 보이지만
낙엽도 있고 바위도 있던 거야
곁을 지키던 작은 소나무 가지에 붙은
새벽이 가져다준 고드름 떼어내
맑은 입맞춤의 고백을 했어
사랑한다고

그때 두툼하게 살이 오른 이끼가

멋쩍은지 피식 웃더군
살아온 것이 하잘것없고
살아갈 날도 별게 아닌데
가슴 시린 기다림마저 없다면
추위의 안식 어찌 견디리

내일부터 채근담 읽으며
따뜻한 체온 그대에게 보내리

오후의 물비늘

물오리 떼지어 나는 강물
오후의 물비늘에 그대로 비추이니
일그러진 네 모습 그대로다

북서풍이 몰고 온 착란의 겨울
산과 들의 모습 바꿔 놓지만
바람 그치고 나면 제자리 그대로인데

지난밤을 이어 지금까지
가볍게 부풀어 오른 몸으로
섣달그믐을 맞는다

거창하게 바랄 게 뭐 있으랴
나라 걱정은 잘난 사람 지천으로 널려
그들에게 맡기면 되고

난 어딘가에 있을지 모를
살뜰한 그리움 찾으련다

내다버린 증오 뒤돌아보지 않고
살 속에 갇혀 있는
잠든 유혹 탈출시켜
낱알의 꿈과 함께 하런다

오후의 반짝이는 물비늘
노을빛에 스스로 잠들게 되니
금새 밤이 오는 것을

정의

나의 정의와 너의 정의가 같지 않고
고구려의 정의와 조선의 정의가 다르고
미국과 중국의 정의도 다르다

독재자도 정의 사회를 내걸었고
침략자도 정의로움을 부르짖고
모략 사기도 정의를 위해 그러는 것이고
전쟁도 정의를 위해 하는 것

내 정의는 선하고 네 정의는 악하다고
내 정의는 옳고 네 정의는 틀리다고
말할 수 있겠는가

윤리 교과서 부록에
정의는 힘이고 권력이라 적어야 하고
정의는 내 이익이고 내 생각일 뿐이라고 씌어져야 한다

누구라도 무엇이라도

정의 아닌 것 없으니

함부로 헛되이 주장해선 안 된다

산책

홀로 어두운 산길 걷는다
가랑비까지 내려 더욱 좋다
이따금 짐승 울음소리 들려오고
나뭇잎 가르는 골바람도 맞아가며
어지러운 마음 가다듬는다

발자국 한 발 한 발 디딜 때마다
살아온 지난 일들 떠오른다
결국 이렇게 살다 마는 것을
무던히도 집착하며 살아왔구나

가던 길 되돌아서니
산 아래 어둠에 묻힌 마을
사람 사는 세상이 보인다

지게가 우마차로 다시 경운기로
다시 사륜 트럭으로 바뀌어도
세상 이끄는 수레는 변함없는데

사람의 욕심도 그러한데

오고 가는 것 하잘것없는데
아직도 챙겨야 할 무엇이 있어
이리도 마음이 무거울까

돌탑

불당 가는 길에
돌탑 하나 있습니다

오래전 누군가
먼 길 떠난 임께
소원 빌며 쌓았다지요

바람과 비 견디며
세월의 아픔으로
전설은 그렇게 이어졌고
사랑의 돌탑이 되었습니다

지나는 사람들
돌 하나씩 놓고 갑니다
가슴에 돌탑 하나씩 쌓으며 갑니다

쌓고 무너지는 것
내 뜻 아니라 돌탑의 몫이라서

어쩌다 밑돌 하나 기울어지면
계곡 아래로 산산이 흩어질 텐데

가는 발걸음도 모르는데
쌓아가는 돌탑의 앞날
어찌 알 수 있겠는지요

상사화

그해 여름
유난히 긴 장마
웃자란 상사화는 비바람에 쓰러지고
보름 훨씬 넘도록
햇빛을 볼 수 없었지

꽃의 화려함을 이기지 못하고
대궁을 땅으로 누이면서도
제 모습 잃지 않으려 했지

상사화는
선택할 수 있는 게 많지 않았어
사람들의 판단과 달랐어
그런 생각의 차이를 인정하기엔
혼돈을 이겨낼 자신이 없었지

사랑이 실존을 규정하는지 아니면
현상에 사랑의 의미를 덧붙여

미화된 이름으로 보태졌는지

한 몸이 둘로 나뉘어
서로를 보지 못하는 상사는
본디 뿌리의 합일을 찾지 못했기에
겉으로 보여지는 것일 뿐
꽃과 잎이 어찌 나뉠 수 있겠는가

여기 계신가요

심은 지 사십 년 된 홍단풍은
다섯 길은 자랐고
산 오르는 길목에
흰제비꽃이 맞이하네요
만개한 철쭉이
얼굴을 더욱 붉게 합니다

사십 년을 버텨온 봉분이
흐트러짐 없이 고요합니다
여기에 계신가요
기억되는 많은 것들이 떠오릅니다

산 아래 돌데미마을이
지는 해의 풍광을 담아내고
그곳 한가운데 예전과 똑같은
푸른 양철지붕 보입니다
누님이 시집와 살던 집이지요

빈손으로
어지러운 몸을 굽혀
무릎에 고개를 묻고
땅에서 전해오는 말을 듣습니다

* 돌데미마을: 천안시 북면 상동리의 마을 이름.

붓꽃 피어오르던 날

벗들 돌아간 자리
남은 술잔 한가로운데
사흘째 그침 없이 봄비 내린다

산비둘기 분주한 노랫소리
추녀 낙수와 합주를 맞춘 듯
눈 감고 옛일 생각하니
잘못도 아닌데
몇 번 마른침 삼켜도 입 안이 쓰다

벗들 떠나간 자리
함께 나눈 이야기의
보랏빛 꿈과 허탈한 웃음
붓꽃 망울로 피어오르네

달무리

수선화 새순 오른 이른 봄날
보름 달무리 부르는 소리 들려왔지
겨울을 참고 버틴 간절함이었어

달무리 떠오른 것도 잠시
걷잡을 수 없이 쏟아져 내려
오색 유성으로 흐르더군

그렇게 흘러내린 달빛
섬돌 아래 땅속으로 스며
얼마 후 꽃으로 피어나겠지

빈 꿈

논둑에 털썩 주저앉아
나무 등걸에 기대어 고단한 허리를 펴니
서쪽 산에서 모 끝으로
땅거미 내려온다

정수리에 내리꽂히는 뙤약볕 아래
무릎까지 빠지는 논바닥 훑으며
유기농한다고 풀을 뽑는다

미친 짓이다
인류 건강을 위해
지구 환경을 위해 그리 하는가
소득도 관행보다 더 적은데

내 온전히 진보주의자였으면
이 또한 조국과 민족을 위해서라고
방방곡곡 설파했으리라

아직 놓지 않은 삽자루는
못 박힌 손에 잡혀 있고
떨리는 팔뚝에 묻은 진흙 냄새
살아갈 날처럼 고약하다

몇 해 전
제초제 들이킨
중뜸 형님의 마음이 이랬을까

땅끝 바다에 가고 싶다
그곳엔 꿈이 있을지 모른다
그곳에 가면
살아야 할 변명을 찾을 수 있겠지

고개 들어
밤하늘 별 바라본 지 언제인가
그대가 더욱 보고 싶다

봄맞이 푸념

해마다 맞는 봄이지만
언제나 새롭게 다가오는 까닭은
내가 같지 않기 때문이다

마치 바다의 파도가
바람과 달빛의 사랑에 따라
언제나 다르게 다가오는 것처럼

겨우 내내 덮고 있던
묵은 잎사귀 위로 새순 내민다 해서
외로움이 가시진 않을 터이지만

봄이라 불리는 순환의 한 토막이
약속하지 않아도 오는 것은
뒤처진 청춘이 남아 있기 때문이다

감자밭에 두엄 내며

겨우 내내 처박아둔 경운기 꺼내
스타칭 몇 번 돌리니 역시
퉁탕거리며 시동이 걸린다

감자 심고 수수 심는
두메산골 따비밭은 아니어도
흘러간 옛 노래 흥얼대며
봄바람에 맥고모자 벗겨질세라
질끈 동여매고 거름을 뿌린다

— 여보게 뭐 심을라구 이리 서두르는가
— 감자 좀 심어볼려구 후작으로 결명자도 심고
— 씨 남으면 한 바가지 보내주게
— 글쎄 널찍널찍 심으면 안 남겠나

바람이 세차다 못해 몸이 기운다
짧은 해 쉬 가리려고
함박눈 무겁게 쏟아진다

마저 다 끝내지 못할까
두엄 위 내려앉은 눈에
애먼 소리 푸념을 쏟아낸다

오래전 버린 것
오래전 나를 떠난 것
잔상마저 떨구려고
목청 높여 유행가를 부른다
— 감자 심고 수수 심는 두메산골 내 고향에

떡 한 조각도
들어갈 입 정해져 있고
아무 데나 굴러가는 짱돌 하나도
멈춰 박힐 곳 정해져 있다 하니
지금 서 있는 감자밭이
내가 설 자리 아니겠는가

바람은 더 세게 몰아쳐

볼을 때리는 눈송이에도 아프다

섣달그믐날

한 해의 마지막 태양을
자포실 서쪽 산 너머로 떠나보낸다

내일 다시 떠올라
같은 모습으로 다가오겠지

어제와 다르지 않은 꿈으로
살아갈 수 있을 거야

* 자포실: 청주시 오창읍 성재리의 이름.

발자국도 닮아가네요

보리밭에 웃거름 준 다음날
눈 내려 새싹을 덮었어요
그렇게 또 한 해의 겨울이
돌아선 나이에 얹혀지고
십 년 하고 더 몇 해인지
기억조차 가물거리는
정월 보름의 눈물을 기억합니다

살아보니 정말 그러네요
아침 안개 사라지듯 잠깐 지나왔는데
몇 번의 한숨으로 몸은 늙었고
가슴 끓던 불길도 사그라져
아버지 걷던 그 논둑을 따라
곧 사라질 눈 발자국 남기며
똑같은 모습으로 나 걸어갑니다

농민으로 산다는 것

어느 대학교수가 말하길
─ 농사짓는 거 재미있고 보람도 있지요
내가 한참 뜸 들인 후 말했다
─ 텃밭에 심어 먹는 거야 그렇지만 거기서 나오는 소득으
로 생활하는 거라면 힘겹고 울분만 쌓이지요

마늘 한 접에 얼만가요
옥수수 삼십 개 한 자루에 얼만가요
감자 한 상자는
또 오이 한 상자는 얼마지요
백태 한 자루 얼만지 아시나요
서리태는 어떻구요
겉보리 한 가마에 삼만 원이라니
건고추 한 근은 또 얼만가
쌀값은 이십 년 전과 똑같으니

도무지 감당할 수 없다
누구도 아랑곳하지 않는다

이제는 으레 그러려니 한다

보수정권은 그렇다 해도
세칭 진보라는 정권이 들어서도
달라지는 게 없다

신자유주의 때문이라고도 했다
파쇼 매판권력이라 그렇다고도 했다
반봉건 자본주의 청산을 부르짖기도 했다
혹은 신식민지 국가독점자본주의 때문이라고도 했다
자주통일이 모든 모순 해결의 만병통치약이라고도 했다
사실 그럴까

이 땅에서 농민으로 산다는 것
누구에겐지도 모르게 억울하게 빼앗기는
분노를 땅에 묻는 일이다

파도

여기까지 연신 달려오느라
많이 지쳤으리라
지금, 발목을 붙잡고
소리 내 우는 까닭은
누구라도 그렇듯
노쇠한 어둠 속으로
먼 길 찾아왔기 때문이다

시작은 알 수 없으나
끝은 바로 여기인데
돌아가지 못하는 줄 알면서
얼마나 많은 것들을 그리워했을까
여기가 그곳인 줄 알면서
얼마나 많은 아쉬움을 참았을까

이제는 욕망의 짐 내려놓고
너른 바다에 거품 되어 사라진다

'별것'에 핀 시의 봄싹

이민호(시인, 문학평론가)

1. 시의 종소리

신언관의 시집을 읽으며 영국 사람들이 식민지 인도와도 바꾸지 않겠다던 셰익스피어가 떠올랐다. 정확히 말하면 셰익스피어보다도 그와 동시대를 살았던 시인 한 사람이 불현듯 다가섰다. 르네상스 시대 영국 시인 존 던이다. 그는 오랜 세월 잊혔다 T. S. 엘리엇에 의해 발굴돼 재평가되고 오늘날 영국 문학사에서 셰익스피어와 어깨를 나란히 하게 되었다. 존 던의 추존은 극적이다. 아니 더 없이 시적이다. 시의 운명은 신의 섭리에 있는 것은 아닌지 읍쌜 차린 마음으로 신언관의 시를 읽는다.

여기가 누군가를 위해

종을 울릴 수 있는 집이라는

그녀의 술 취한 말을 듣는다

오래된 참나무에 기대어

양철지붕은 무너지지 않았고

다음날 그녀는 떠났다

그 어느 누구도 그 자체로 완전한 섬이 될 수 없다. 모든 인간은 대륙의 한 조각이며 본토의 한 부분일 뿐이다. 흙 한 덩어리가 바닷물에 씻겨 나가면 유럽 대륙은 그만큼 작아진 것이다. 마치 돌출한 육지 끄트머리가 사라지고, 그대 친구의 소유지가 사라지고, 당신 땅의 일부분이 씻겨 나간 것과 같다. 그 누구의 죽음도 나를 작게 만드는 것이니, 이것은 내가 인류 속에 포함되어 있기 때문이다. 그러므로 종이 누구의 죽음을 알리기 위해 울리고 있는지 알려고 사람을 보내지 마라. 그것은 바로 당신의 죽음을 알리는 종소리이다.

죽음에 관한 시다. 조종이 울릴 때 누군가 죽었을 것이다. 그리고 또 다른 누군가의 죽음을 예감한다. 죽음은 살아남은 자에게 삶의 뜻을 강력하게 피력한다. 우리의 삶이 누군가의 죽음을 맞아 안아 들이기에 합당한가 묻고 있다. 뮤즈인

그녀는 그대의 집이 혹은 그대의 시가 아직 무너지지 않았으니 죽음 앞에 안식이 되리라는 게시를 내놓는다. 게시의 내용은 세 번째 연이다. 모든 생명은 평등하니 죽음 또한 차별이 없어야 한다는 경구이다.

　여기서, 이 시가 두 편의 짜깁기인 것을 알아차릴 사람이 있을까. 그것도 시공간을 초월해 아주 다른 시인의 작품이라는 사실을. 적어도 한 편의 시에 대해 알고 있는 사람이 아니면 쉽지 않다. 이 시의 1, 2연은 신언관의 시 「늙은 참나무집」의 일부이다. 3연은 존 던의 「묵상meditations」 열일곱 번째 기도문이다. 존 던이 살던 시대에 사람이 죽으면 종을 울렸는데 누가 죽었는가 하인을 시켜 알아보고 조문을 갈 것인지 결정했다. 존 던은 당시 귀족들의 인간 불평등에 대해 깊이 성찰하고 죽음 앞에 모두 여지없다는 사실을 언명한다. 특히 한 줌의 흙조차도 누군가 살다 죽어간 집의 흔적이라는 은유를 담았다. 그 바탕에 인류 동포애의 보편적 사상이 자리하고 있다. 존 던의 이 시 일부를 따 헤밍웨이가 소설 제목으로 삼았다. 『누구를 위하여 종은 울리나』이다.

　신언관의 시는 존 던의 묵상이 구현된 것이라 해도 무방하다. 그리고 헤밍웨이의 물음에 답하는 시이기도 하다. "누군가를 위해 종을 울릴 수 있는" "여기"에 그가 거주하기 때문이다. 여기에, 상호텍스트성을 굳이 끌어온 것은 신언관의 시에 대해 어떤 선입관도 편견도 갖지 말자는 뜻에서다.

신언관의 이력 때문에 그의 시를 소위 리얼리즘 한구석에 가둬둘지도 모른다. 나아가 농민시류의 전통 안에 쉽게 가져다 놓으려 할 것이다. 이러한 시 읽기는 존 던을 셰익스피어의 그림자 속에 다시 몰아넣는 것과 마찬가지다. 신언관의 시를 읽는 맛은 신언관의 삶 속에 들어가 그가 묵혀 놓은 서사에 귀 기울일 때 더욱 우러날 것이다. 그때 시의 종소리가 들릴 것이다.

2. 공포와 사랑의 변주곡

신언관의 시는 불일치의 시학이라 할 수 있다. 감옥 속 무의식의 상상력, 현실과 대거리하는 정치적 상상력, 농부의 시선, 변화를 열망하는 전위성, 자연 속에서 신과 만나는 영지주의, 무소유의 깨달음 등 서로 다른 시적 인식이 혼재돼 있다. 이러한 다성성은 굴곡진 삶의 궤적이기도 하지만 그의 시적 상상력의 깊이에서 나오는 것이다. 그만큼 신언관의 시는 단순하지 않다.

김종삼은 시란 그것을 보는 편에서 쉽게 씌어진 듯이 쉽게 읽힐 수 있는 것이라야 한다고 소신을 밝힌 바 있다. 특히 말라르메를 추종하여 시는 소박하고 더부룩해야 하고 또 무엇보다도 거짓말이 끼어들지 않아야 한다(「먼 시인의 영역」)고 말한다. 이 시적 비의(秘儀)는 신언관의 시에 딱 들어 맞는다.

신언관의 시는 김종삼의 소신을 따른 듯이 쉽게 읽힌다. 그러나 결코 쉽게 쓴 것은 아니리라. 시를 어렵게 쓰기는 오히려 쉽지만 쉽게 쓰는 것은 만만치 않다. 그래서 그의 시는 소박함이 주조를 이루고 있다. 그런데 '더부룩하기'까지 할까. 이 말은 속이 거북할 때 쓰는 말이다. 시적으로는 읽는 이에게 불편함을 주는 것이다. 이 세상과 타협하지 않고 곧이곧대로 하는 말이 위선의 두겁을 쓴 자에게는 못마땅하기 그지없을 것이다. 신언관의 시도 더부룩하다. 김종삼은 덧붙여 영탄조의 노래, 자기 과장, 자기 합리화의 시는 거짓말이라 메슥거린다고 말한다. 신언관은 거짓 없이 물건 파는 남대문시장 포목상과 같다.

덫에 걸린 쥐가 두려움의 눈으로 초점을 잃어가고 있다
맥이 풀린 것으로 보아 지난 밤 내내 발버둥 쳤을 것이다
엄청 소리를 질러 목청이 터졌는지 찍소리도 못 내고 있다
철망을 들이받고 물어뜯느라 주둥이가 피범벅되었다 가죽도
성치 못하다 털이 거추장스러웠을 것이다 사람 발가락을
닮은 다섯 발가락 살빛이 선홍색이다 곧 죽을 거라는 예감이
들었을까 이따금 몇 번이고 발악하며 덫을 흔들어댄다 탈출
을 꿈꾸며 뜬눈으로 밤을 새웠을 것이다 함께 했던 쥐새끼들

다 도망가고 없다 일생 중 가장 긴 밤을 보내며 서너 방울
똥과 오줌도 지렸다 살아온 날들 기억하며 눈물도 흘렸을
것이다 여기 왜 들어왔는지 때늦은 후회도 했을 것이다 가볍
게 덫이 들어 올려지고 함지박 깊지 않은 물에 잠기며 기포
몇 방울 토해낸다

―「덫」, 전문

신언관의 시는 감옥에서 발원했는지도 모른다. 이 비극적
이미지는 아름다움의 극치다. 이 이미저리는 그의 전 생애를
지배하는 트라우마이며 동시에 시를 쓰게 하는 무의식의
세계이다. 여린 아니마가 자기를 이 세상에 가두었다가
풀어놓기를 반복하는 것이다. 덫에 걸린 프로메테우스의
고통이다. 그러나 숭고하다. 역사의 악몽을 해체해 보여줌으
로써 독자로 하여금 새로운 역사의 시간을 마련하도록 기꺼
이 스스로를 내어놓았다. 프로메테우스가 인간과 손잡은
대가이다. 그처럼 이 시는 강력한 인간애의 희생제의를
펼치고 있다.

벤야민은 언어가 상징으로 기능할 때 섬광처럼 나타난다
고 말한다. 이 눈부신 순간을 맞이하기 위해 언어는 단순히
전달에 그치는 지시적 기능에서 벗어나 그것이 진실에 있어
서 무엇을 의미하는지를 함축한다. 진리가 섬광처럼 드러나
는 순간은 위기의 순간이기도 하며 깨어남의 순간이기도

하다. 신언관의 시에도 이 변증법적 이미지가 작동하고 있다. 한낱 미물로 쓰레기처럼 취급당했던 역사의 폐허에서 건져낸 구원과 해방의 이미지이다. 일상에서 눈에 띄지 않았던 이 구속된 과거를 기억해냄으로써 오늘 겪고 있는 공포와 증오에서 우리를 구원하고 있는 것이다. 이는 짓밟히고 억눌린 시적 자아의 이미지에서 자라고 북돋아진 유토피아이다.

내 몸을 갈아 짜내면
몇 종발의 기름을 얻을까

무덤까지 가는 길
추위 막을 만큼은 될까

꺼뜨리지 않고
긴 어둠 밝힐 수 있을까

함께 기뻐했던 사람 돌려보낼
호롱불 심지 태우지나 않을까

어리석음 많은 불순한 것이라서
끄름이 많겠지

다행히 기름에 눈물은 없겠지

─「기름을 짜내면」, 전문

　이 시적 자아의 불순함은 파편화된 지난날을 불살라 얻은 시의 에너지이다. '눈물'과 같이 다 들여다보이는 이미지가 아니라 가늠할 수 없는 공포와 맞닥뜨려 획득한 깨달음이다. 이 '어리석음'의 역설적 이미지는 넝마 속에 뒹굴던 불온한 것이다. 김수영은 모든 살아 있는 것(문화)은 본질적으로 불온하다고 말한다. 꿈을 추구하고 불가능을 추구하는 것이기 때문이다. 이 시의 온순한 시적 자아는 진리를 다 들어내 놓지 않고 있다. 순수와 불순의 선택의 기로에서 고통의 길로 발길을 옮긴다. 순수의 이미지는 공허하다. 이 관념은 순종을 강요하는 "가면을 쓴 노예의 사슬(「국가론」)"이며 "산과 들의 모습 바꿔 놓지만 / 바람 그치고 나면 제자리 그대로인(「오후의 물비늘」)" 근대의 착란과 같은 것이다. 벤야민이 간파했던 판타스마고리아^{Phantasmagoria}이다. 이는 신화적 공포의 힘 아래 자리 잡고 인류를 미혹하는 모든 것을 의미한다. 역설적으로 메시아가 들어설 문을 여는 순간이기도 하다. 강력한 최면제이기 때문에 해독제가 필요하다. "슬픔의 유혹"을 마다하지 않은 "천둥까지 치면서 / 꽃잎마다 살아온 소식(「들국」)"이어야 한다. 그처럼 신언관의 불순의 시학은 우리의 판단을 가리는 환각과 착시에서 벗어나자는 메시지를 담고 있다. 그것은 "겨우 내내 눈 없어 착근 시원찮은 보리싹"이 "시원한 봄비에 쑥쑥 자라(「적폐와 반동」)"는 반동과 역설의 이미지이다. 그는 덫에 걸린 반복된 기억을 안고 사는 존재이기 때문이다. 이제 우리가 읽어야 할 것은 성좌처럼 빛나는 꿈의 정체다. 불가능을 향해가는 충족되지 않은 욕망의 상징성이다.

묵어 닳아진 삽날에 찍힌
불어터져 누운 벼톨
폭염에 갈라진 상처 딱징이에
흰자위 들어낸 원망의 눈으로
진흙을 덧씌운다

태풍이 몰고 온 구름 걷히고
쉽게 들 덮치는 어둠
잘려지지 않은 풀 감긴 목장화
질퍽이는 소리로 똘 깊이 가늠하며
익숙한 삽자루 치켜든다

                                    –「똘」, 부분

동트기 전 둘러봐야 합니다
이슬은 아랫도리 절반 흥건히 적셨습니다

선호미 들고 혼자 갑니다

날 선 실오라기 한 줄
길목 가로질러 울대 베어내려는 듯
목을 조여옵니다

그곳에 멈춰 서서 망설입니다
뒤로 물러섭니다
잘못 없어도 한 걸음 물러섭니다

―「거미줄」, 전문

소망의 이미지는 변증법적 이미지가 가하는 충격을 통해
서 일깨울 수 있다고 벤야민은 말한다. 흡사 쓰레기들같이
고착된 가장 눈에 띄지 않는 현존재에서 역사의 이미지를
확고히 붙잡으려는 것이다. 시 「똘」에서는 가뭄과 태풍이
휩쓸고 간 흔적을 통해 시적 자아에게 가해진 충격을 드러낸
다. 이때 절망 속에서 시적 자아를 일으켜 세우는 것은
"묵어 닳아진 삽날"의 이미지이다. 이는 굴종의 신화가 역사
의 흐름 속에 지속되었듯이 좌절과 패배의 순간순간 떠오르
는 꿈의 이미지다. 충격에서 순간적으로 나타나는 진리라
할 수 있다. 이는 정희성이 시 「저문 강에 삽을 씻고」에서
담았던 변증법적 이미지이다. 저문 강에 씻어냈던 슬픔의

삽이 이룬 성좌 곁에 신언관 시의 성좌도 빛나고 있다.

신언관의 '닳은 삽날'의 성좌는 시 「거미줄」에서 더욱 빛난다. 역사를 갈아엎을 것 같은 증오와 분노로 시적 자아는 날 선 욕망을 드러낸다. 그 모습은 그를 폐허에 빠트린 악몽의 재현과 같다. 그때 그의 발목을 잡은 것이 실오라기 같은 한 줄기 생명의 흔들림이다. 보잘것없는 존재 앞에서 신언관은 덫에 걸렸던 시간으로 순식간에 선회했을 것이다. 생명으로서 존중받지 못했던 기억이 욕망의 진행을 멈추게 한 것이다. 그처럼 생명의 간절함은 스스로를 희생하여 거대한 억압과 대항하게 한다. 그도 그랬지 않았던가. 우리 는 이 시집에 펼쳐진 신언관의 역사를 지켜보았기에 그와 더불어 고귀한 생명 앞에서 가던 길 멈추고 물러서게 된다. 신언관의 시적 욕망이 비로소 빛을 발하는 순간이다. 생명 앞에 잘잘못을 따지지 않는 깨달음이 아름답다. 욕망은 새로운 의미로 옷을 갈아입었다.

여기까지 연신 달려오느라

많이 지쳤으리라

지금, 발목을 붙잡고

소리 내 우는 까닭은

누구라도 그렇듯

노쇠한 어둠 속으로

먼 길 찾아왔기 때문이다

시작은 알 수 없으나
끝은 바로 여기인데
돌아가지 못하는 줄 알면서
얼마나 많은 것들을 그리워했을까
여기가 그곳인 줄 알면서
얼마나 많은 아쉬움을 참았을까

이제는 욕망의 짐 내려놓고
너른 바다에 거품 되어 사라진다
                              ―「파도」, 전문

　이 시에서 새로운 이미지로 새 역사를 쓰고 있는 신언관과
만날 수 있다. 성찰은 시간이 만들어 놓은 장난은 아닐까.
우리가 읽어야 할 것은 말년에 밀려오는 설움과 그리움과
아쉬움의 정서가 아니다. 대자연의 일원으로 회귀하는 진리
의 의미를 곱씹어 읽어주는 일이어야 한다. 마지막 연이
그 뜻의 단초를 준다. 살면서 연연했던 욕망을 내려놓고
거품처럼 사라짐은 죽음을 받아들이는 순종의 시 쓰기임이
분명하다. 그러나 이는 신언관의 불일치의 시학이나 불순수
의 시성과는 거리가 있다. 죽음은 모든 것의 끝이 아니다.

140

신언관은 감옥에서 그것을 몸으로 채득했다. 그렇기에 감옥 밖 세상을 꿈꾸지 않았는가. 그가 이 시의 제목을 '파도'라 지은 것은 그런 복안이 담긴 것은 아닐까. 거품으로 이미지화 된 것은 묵은 욕망의 짐이다. 시적 자아가 사라지는 그 순간 새로운 물결이 파도가 되어 밀려오는 소망의 이미지가 보이지 않는가. 신언관의 시가 이 시집에서 끝나는 것이 아닌 것과 마찬가지다. 다시 오는 시의 파도가 새로운 욕망을 싣고 오는 꿈을 꾼다.

> 물은 혼자 흘러가는 듯 보이지만
> 낙엽도 있고 바위도 있던 거야
> 곁을 지키던 작은 소나무 가지에 붙은
> 새벽이 가져다준 고드름 떼어내
> 맑은 입맞춤의 고백을 했어
> 사랑한다고

ー「독백」, 부분

새로운 시의 모습은 이런 것은 아닐까. 아무 두려움 없이 입맞춤하며 사랑을 고백하는 열린 세계였으면 좋겠다. 사랑의 대상은 여기저기 존재한다. 그것은 이 모든 세상이 다시로 형상화 될 준비가 된 텍스트이기 때문이다. 이 시집에서 신언관은 곳곳에 많은 별들을 박아 놓았다. 그 별은 빈 꿈을 채워 줄 그대(「빈 꿈」)이며, 밤길 함께 가는 사내의 영혼(「돌아온 밤길」)이며, 물 길어오는 모성(「별 담아오는 여인」)이며, 집 지을 기둥이며 들보(「건조기간」)이다. 그 별은 사랑의 영혼이 깃드는 거처(「은하철도」)이다.

사랑의 별은 신언관의 새 시집에 빛날 것이다. 이 시집에서 밀려간 파도는 공포의 물결이었다. 그의 삶을 옥죄었던 고통이며 상처의 흔적이다. 이 충격에서 벗어나 다시 밀려오는 파도는 사랑의 물결이다. 이처럼 이 시집은 공포와 사랑이 변주되며 펼치는 시의 성좌라 할 수 있다.

3. 시를 위한 변명

신언관은 시 「빈 꿈」에서 살아야 할 변명을 찾을 수 있겠다는 예감을 말한다. 이는 시를 위한 변명이기도 하다. 아니 시를 쓰려는 의지이다. 사람이 곧 시라는 것을 시를 쓰는 사람들은 다 안다. 시는 시인이 사람을 읽은 결과물이다. 시인에게 하루하루가 시 자체인 것이다. 그래서 살아야 할 변명이 된다. 시를 쓰는 순간은 그렇다.

0.5평 교도소 징벌 먹방
식구통으로 희미하게 스미는 햇빛이 아쉬워

손발 허리 혁수정으로 묶인 채

엎드려 혀 내밀어 핥아먹어야 했던

무구한 청년의 외침은 어디 있는가

－「기도를 멈춰라」, 부분

　다시 이 시집의 근원으로 돌아왔다. 이 시집은 영어의
몸으로 시의 싹을 품었던 외침의 메아리다. 이 참혹한 비극이
과거도 현재도 미래도 상존하는 한 신언관의 시는 멈추지
않을 것이다. 감옥에서 신영복은 "응달에 버티고 선 겨울의
응어리들 틈 사이에서 이미 와 있을지도 모를 봄싹(「봄싹」,
『감옥으로부터의 사색』)'을 상상했다. 신언관도 동일한 시
적 아우라를 경험했을 것이다. 비록 극한의 고통과 모욕이
온몸을 옥죄었지만, 신조차도 거부하는 자기 부정의 단말마
에 빠졌지만 그 순간마다 시의 싹을 온전히 새겨두었을
것이다.

　감옥의 안과 밖은 경계의 차이일 뿐이다. 신언관은 적어도
이 분별을 지우고 새로운 시를 꿈꾸고 있으리라. 물에 잠기며
기포 몇 방울을 토해냈던 죽음의 공포는 너른 바다에 거품
되어 사라졌다. 다시 돌아올 시의 파도는 사랑의 기쁨으로
다가올 것이다.

뭐 별것도 아니네

초판 1쇄 발행 2021년 01월 28일

지 은 이 신언관
펴 낸 이 조기조

펴 낸 곳 도서출판 b
등   록 2003년 2월 24일 (제2006-000054호)
주   소 08772 서울시 관악구 난곡로 288 남진빌딩 302호
전   화 02-6293-7070(대) 팩시밀리 02-6293-8080
이 메 일 bbooks@naver.com 홈페이지 b-book.co.kr

ISBN 979-11-89898-45-8   03810
값_10,000원